AF504043

Anastacia
FREAK OF NATURE

EXCLUSIVE DISTRIBUTORS:
MUSIC SALES LIMITED
8/9 FRITH STREET, LONDON W1D 3JB, ENGLAND.
MUSIC SALES PTY LIMITED
120 ROTHSCHILD AVENUE, ROSEBERY, NSW 2018,
AUSTRALIA.

ORDER NO. AM974017
ISBN 0-7119-9402-1
THIS BOOK © COPYRIGHT 2002 BY WISE PUBLICATIONS.

MUSIC ARRANGEMENTS BY JACK LONG.
MUSIC PROCESSED BY PAUL EWERS MUSIC DESIGN.
COVER ARTWORK COURTESY OF AMP DESIGN.

PRINTED IN THE UNITED KINGDOM BY
PRINTWISE (HAVERHILL) LIMITED, SUFFOLK.

YOUR GUARANTEE OF QUALITY:
AS PUBLISHERS, WE STRIVE TO PRODUCE EVERY
BOOK TO THE HIGHEST COMMERCIAL STANDARDS.
WHILE ENDEAVOURING TO RETAIN THE ORIGINAL RUNNING
ORDER OF THE RECORDED ALBUM, THE BOOK HAS BEEN
CAREFULLY DESIGNED TO MINIMISE AWKWARD PAGE TURNS
AND TO MAKE PLAYING FROM IT A REAL PLEASURE.
PARTICULAR CARE HAS BEEN GIVEN TO SPECIFYING
ACID-FREE, NEUTRAL-SIZED PAPER MADE FROM PULPS
WHICH HAVE NOT BEEN ELEMENTAL CHLORINE BLEACHED.
THIS PULP IS FROM FARMED SUSTAINABLE FORESTS AND
WAS PRODUCED WITH SPECIAL REGARD FOR THE ENVIRONMENT.
THROUGHOUT, THE PRINTING AND BINDING HAVE BEEN
PLANNED TO ENSURE A STURDY, ATTRACTIVE PUBLICATION
WHICH SHOULD GIVE YEARS OF ENJOYMENT.
IF YOUR COPY FAILS TO MEET OUR HIGH STANDARDS,
PLEASE INFORM US AND WE WILL GLADLY REPLACE IT.

THIS PUBLICATION IS NOT AUTHORISED
FOR SALE IN THE UNITED STATES OF AMERICA
AND/OR CANADA.

MUSIC SALES' COMPLETE CATALOGUE DESCRIBES
THOUSANDS OF TITLES AND IS AVAILABLE IN FULL COLOUR
SECTIONS BY SUBJECT, DIRECT FROM MUSIC SALES LIMITED.
PLEASE STATE YOUR AREAS OF INTEREST AND SEND
A CHEQUE/POSTAL ORDER FOR £1.50 FOR POSTAGE TO:
MUSIC SALES LIMITED, NEWMARKET ROAD,
BURY ST. EDMUNDS, SUFFOLK IP33 3YB.

WWW.MUSICSALES.COM

WISE PUBLICATIONS
LONDON / NEW YORK / PARIS / SYDNEY / COPENHAGEN / BERLIN / MADRID / TOKYO

FREAK OF NATURE

WORDS & MUSIC BY ANASTACIA, RICHIE JONES, ERIC KUPPER & BILLY MANN

Dm7
G9
1. Look at me and see a lit-tle girl__ in-side__ my skin,__ it's so su-per-na-tu-ral.__
(Verse 2 see block lyric)
Dm7
G9
Dm7
Ow!__
So don't be try'n to push__ up on__ me,__ ba-
G9
Dm7
- by. My mam-ma told me bet-ter than that: the big-ger you__ are,____ the
G9
hard-er you__ fall.____
I'm a-bove the o-ri-gi-nal,__ not ty-

-pi - cal,__ not ooh__ la la, ba - by.__ You can hold me re - spon - si - ble,__ it's che-
-mi - cal__ if you're bring-ing it out__ in me.__ Ah,
Chorus
N.C.
Dm7
G9
Dm7
G9
I'm a freak of na - ture.__ You bet - ter be-ware o' dan - ger.__
Dm7
G9
Dm7
Ah,__ I'm your mid-night an - gel.__ I'm a freak,

Verse 2:
I'm a little material, got bling bling
My glasses got a shade
But there's a hippy chick in me that's barefoot
Walking in the grass
Just 'cause I like sipping on champagne
Doesn't mean I'm not afraid of the rain.

I'm a bomb in a physical
Not practical, not plan-ahead baby
If you open Pandora's box
Prepare yourself, 'cause the world'll be changing

OVERDUE GOODBYE

WORDS & MUSIC BY ANASTACIA & BILLY MANN

Fadd9
C
Fadd9
To Coda
To Coda
-ing;____ this my_ get a- way,_ my taste of free - dom.____ Good-
1.
F5
C/E
Dm7
F5
C/E
- bye,____ good - bye.____
Dm7
2.
C
G
Dm
F
2.This is a call- This is____ a mes - sage, pay at - ten-
C
G
Dm
F
- tion; no - bo - dy's gon - na love me the wrong_ way_ a - gain.____

C   G   Dm   F   C   G
This is___ a call - ing, not a con - ver - sa - tion; this is my ov-
Dm   F   C   Fadd9
-er - due___ good - bye.___ Yeah,___ ov - er - due good - bye.___
C   Fadd9   D.%. al Coda
3.Oh,___ in my to - mor-
Coda
F5   C/E   Dm7   F5   C/E
- bye,___ good - bye.___

This is a mes - sage, pay at - ten -
- tion; no - bo - dy's gon - na love me the wrong way a - gain. This is a call -
- ing, not a con - ver - sa - tion; this is my ov - er - due good - bye
- bye, good - bye

Dm7
N.C.
This is_____ a mes - sage, pay at - ten -
- tion; no-bo-dy's gon-na love me the wrong_ way_ a - gain._ This is_____ a call -
C5
- ing, not a con - ver - sa - tion; this is my ov - er - due_____ good - bye._
C   G   Dm   F   C   G
This is_____ a mes - sage, pay at - ten - tion; no-bo-dy's gon-na love me the

Verse 2:
This is a calling, not a conversation
This is not a game, no manipulation
If love is a season, you are my winter
You are just the ice laying on my finger.

Verse 3:
Oh in my tomorrow all the fields are golden
And all the papers say that the spell's been broken
To my future lover - fate will find you
'Cause you have the power of truth behind you, yeah.

Verse 4:
Instrumental

YOU'LL NEVER BE ALONE

WORDS & MUSIC BY ANASTACIA, SAM WATTERS & LOUIS BIANCANIELLO

E/G#
Aadd9
life.
I know it seems all hope is gone,
E/G#
I know you feel you can't be strong; and once a-gain
F#m7
Esus2
E
the sto-ry ends with you and I.
Cadd9
And a-ny-time you feel like you
13

Dadd9
Cadd9
just can't go on, just hold on to my love
Cmaj9
Dadd9
D
E
and you'll nev - er be a - lone.
F#m7
C#m7
E
B
C#m7
Hold on, we can make it through the fire.
F#m7
C#m7
E
B
And my love, I'm for - ev - er by your side.
14

C#m7/G# F#m7 C#m7
And you know____ if you should
E B Bsus4 B Aadd9 Amaj9
ev - er call__ my name,__ I'll__ be__ right there;__
1.
Bsus4 B C#m A
you'll nev - er be__ a - lone.__
2.
E B/D# Bsus4 B
you'll nev - er be__ a - lone._

F#m7 N.C. E/G# N.C. A B A/C# B/D#
Through the fire, by your side, I will be there for you, so love don't you wor - ry.__
F#m7 N.C. E/G# N.C. Am7 Bm7 Cm7 Dm7
__ Don't you know that I'll be there you'll nev - er be a -
Gm7 Dm7 F C
-lone. Hold on,______ we can make it through__ the fire.______
Dm7 Gm7 Dm7
And my love,______ I'm for -

Verse 2:
Hopeless to describe
The way I feel for you
No matter how I try
Words would never do
I looked into your eyes to find
As long as love is alive
There ain't nothing
We can't make it through.
Anytime, or if only for a while
Don't worry
Make a wish
I'll be there to see you smile, ooooh.

Hold on *etc.*

PAID MY DUES

WORDS & MUSIC BY GREGORY LAWSON, DAMON SHARPE, LAMENGA KAFI & ANASTACIA

no - thing in the world_ that could keep me from do - ing what I wan - na do._______ 'Cause I'm
too proud, I'm too strong,_ live by the code that you got - ta move on._ Feel - ing
sor - ry for your - self ain't got no - bo - dy no - where.______ So I
held my_ head_ high,_ knew I'd_ sur - vive._ I made_ it, don't hate_ it,

C#m
that's just the way_ it goes,_ yeah. I done_ made_ it through,_
white note gliss.
B
A
B
C#m
stand on_ my_ own two,_ I paid my dues._______ Yeah,_ you
B
try to_ hold_ me down;_ you can't_ stop_ me now,_ I
A
B
1.
C#m
paid my dues._____
2.
C#m
dues,______ yeah, yeah, yeah.

B
A
B
Took so long to get me here,___ but I won't_ live in fear___ o' you try'n' to steal
C#m 4fr
B
my shine.___ But first they wan - na build you up, then they tear you
A
B
C#m 4fr
N.C.
down;___ it's a strug - gle___ try'n' to fol - low.___ So I held my_ head_ high,___
knew I'd_ sur - vive.___ I made_ it, don't hate_ it, that's just_ the way.
white note gliss.

Verse 2:
Spoken:
So, like I told you, you cannot stop me.
I've paid my dues, yes.

Now I'm still tested every day
People try to mess with Anastacia
Got another think coming
'Cause I have a mind
And I thought I better let you know.
I'm no punk, I can get down
I don't give a damn about who's around
That was just fine till now.

So I held my head high *etc.*

ONE DAY IN YOUR LIFE

WORDS & MUSIC BY ANASTACIA, SAM WATTERS & LOUIS BIANCANIELLO

F#m E Bm7 C#m
It won't take much_ long - er now.___ Time_
Dmaj7 E Bm7
makes me_ strong - er, whey,_____ yeah._ There's no - thing_ more to say._
C#m7
One day in your life_
D E C#7/E# F#m
— said love will re - mind_ you, how could you leave_ it all_ be - hind?

D
E
One day in your life_____ it's gon - na find___ you___ with the
C#7/E#
F#m
D
E
tears that left__ me___ cry'n'.___ And ba - by I'm strong - er than be - fore.___
C#7/E#
F#m
E
___ You've got - ta ta___ play___ it on__ the line___ may - be
Dmaj7
C#m7
To Coda
one day in___ your___ life.___ My

Dmaj7
E
C#7/E#
F#m
love,
did you think I'd break down and cry?
Dmaj7
E
This thing we had, it meant the world to me.
C#7/E#
F#m
Bm7
Guess I'll walk by, it won't take much long - er now.
C#m7
D
E
See, time makes me strong - er, well. And I know

D.%. al Coda
Bm7
C#m7
____ you'll be com - ing round__ some_ day.__ One day in your life
Coda
Bm
F#m
You call__ me in__ the__ mid - night__ hour__
C#m7
B
Bm
F#m
________ with your ba - by lies.____ So ma - ny__ sleep - less_ nights,_ I won-
C#m7
D.%. to fade (repeat chorus)
- der____________ is it time to say_ good - bye?____ One day in your life_

HOW COME THE WORLD WON'T STOP

WORDS & MUSIC BY ANASTACIA & BILLY MANN

G5
G5/F#
Em7
Em7/F#
-pen - ded in time,___ and the air sud - den - ly___ went
cold.___ The
sun is still shin - ing,___ but ev - 'ry - thing feels___ like rain,___
ah.___ And if I

G5   G5/F#   Em7   Em7/F#
had one__ wish,________ it would be to see you a -
G5   G5/F#   Em7   Em7/F#   C
- gain.____ No - thing's fair__________ when we lose__
D   Em   A
__ with - out a mo - ment to say__ good - bye.__
G   D   C   G   D
How come the world__ won't stop spin - ning__ now that you're_ gone?__ (Now that you're_ gone?)__

C
G   D
C
I know ev-'ry end__ has be-gin - nings,__ but this one's so__ wrong.__
G   D
C
G5   G5/F#
(This one's so__ wrong.)__ So__ wrong,__________
Em7   Em7/F#
G5   G5/F#
Em7   Em7/F#
so   wrong.______
G5   G5/F#
Em7   Em7/F#
Caught   in   the   mid - dle,____   wrong__   place,____   wrong____

G5 G5/F# Em7 Em7/F# G5 G5/F#
___ time.___ And I'm hope-less-ly miss-ing you,

Em7 Em7/F# G5 G5/F# Em7 Em7/F#
yet I can't_ stop the night.___ No-thing's fair_

C D Em
___ a-ny-more,___ and I know___ there's_ a bet-ter place;_

A Am Am7
___ and I'll nev-er stop dream-ing of you.___
3 3

G   D   C   G D
How come the world_ won't stop spin - ning__ now that you're_ gone?_ (Now that you're_ gone?)_
C   G D   C
I know ev - 'ry end__ has be - gin - nings,__ but this one's so__
G D   C   G   D
wrong, so__ wrong.__ How can the sea - sons keep chang-
C   G D   C
- ing__ since you dis - ap - peared?_ (You dis - ap - peared.)_ Tell me,

G   D   Am⁷   G   D
how come the world won't stop? How come the world won't stop?

Am⁷   C   B
Sweet tears I shed; this pain

Em   Am⁷
we lay to rest. It's hard let-ting go, but I keep mov-ing on

Cmaj⁷   C   Cmaj⁷   B   B/D♯   B⁷/F♯
in a place I don't be-long.

How come the world won't stop spin - ning now that you're gone? (Now that you're gone.)
I know ev - 'ry end has be - gin - nings, but this one's so wrong.
(This one's so wrong.) How can the sea - sons keep chang -
- ing since you dis - ap - peared? (You dis - ap - peared.) Tell me,
G   D   C   G   D
C   G   D   C
G   D   C   G   D
C   G   D   C

G   D   Am7   G   D
how come the world won't stop?___ How come the world won't stop?__
Am7   G   D   C
___ How come the world won't stop spin - ning___ now that you're_ gone?__
G   D   Am7   G   D
___ (Now that you're_ gone.)___ I know ev - 'ry end___ has be - gin -
C/A   G   rit.
- nings,___ but this one's so___ wrong.___ So___ wrong.____

36

WHY'D YOU LIE TO ME

WORDS & MUSIC BY ANASTACIA, DAMON SHARPE, GREGORY LAWSON, TREY PARKER, DAMON BUTLER & CANELA COX

Am   F   E
Why'd you lie to me? You've been creep - in', sneak - in', sleep - in' with an - oth - er.
Am   F   E
Messed up, it's time to leave; so bye, bye.
Am   F   E
1. You used to treat me like a queen, said I was your ev - 'ry - thing,
(Verse 2 see block lyric)
Play 1° only
Am   F   E
pro - mised me that you would nev - er cheat on me.

Am
F
E
But I found a num - ber on the floor, an' I won't take it no more.

Am
F
E
Ba - by it feels so cra - zy think - in' you'd be true to me, yeah.

F
Am/E
(Tell me ba - by.) Did you real - ly think that (I would may - be) I'd turn the oth - er cheek, yeah?

F
E/G#
N.C.
(And let you play me.) I thought you were diff - 'rent, but you're like the rest, it's true.

Am   F   E
Why'd__ you__ lie to me?__ Can't be trust - ed, good - for - no - thing type o' bro - ther!
Am   F   E
Ev - 'ry - thing__ you claimed to be__ was a lie,   lie.
Am   F   E
Why'd__ you__ lie to me?__ You've been creep - in', sneak-in', sleep - in' with an - oth - er.
Am   F   E
Messed__ up,__ it's time to leave;__ so bye,   bye.

1.
Am
2.
F
Am/E
(Tell me, ba - by) Did you real - ly think that
(I would may - be) I'd__ turn the oth - er cheek?
F
E/G#
(And let you play me.) Oh,____
but I flipped it all____ for you.
Am
E7
Am
Am
E7
Why'd you lie to me? Why'd you

Am
Am
E7
Am
lie   to me?   Why'd   you   lie   to me?
Am
E7
Am
Why'd   you,   why'd you lie to me?__________
Am
F
E
Why'd__ you__ lie to me?__ Can't be trust-ed, good-for-no-thing type o' bro-ther!
Am
F
E
Ev-'ry-thing__ you claimed to be__ was a lie,   lie.

Verse 2:
Last time you played me like a fool
Now it's time I lose my cool
Ain't no way you'll ever get another chance
Why'd you just claim to be so true
When I gave my world to you
All you wanna do is hang out on the edge of the line
(Tell me baby) Did you really think that
(I would maybe) I'd turn the other cheek and
(And let you play me) Ooh, but I flipped it all for you.

Why'd you lie to me   *etc.*

SECRETS

WORDS & MUSIC BY ANASTACIA & BRION JAMES

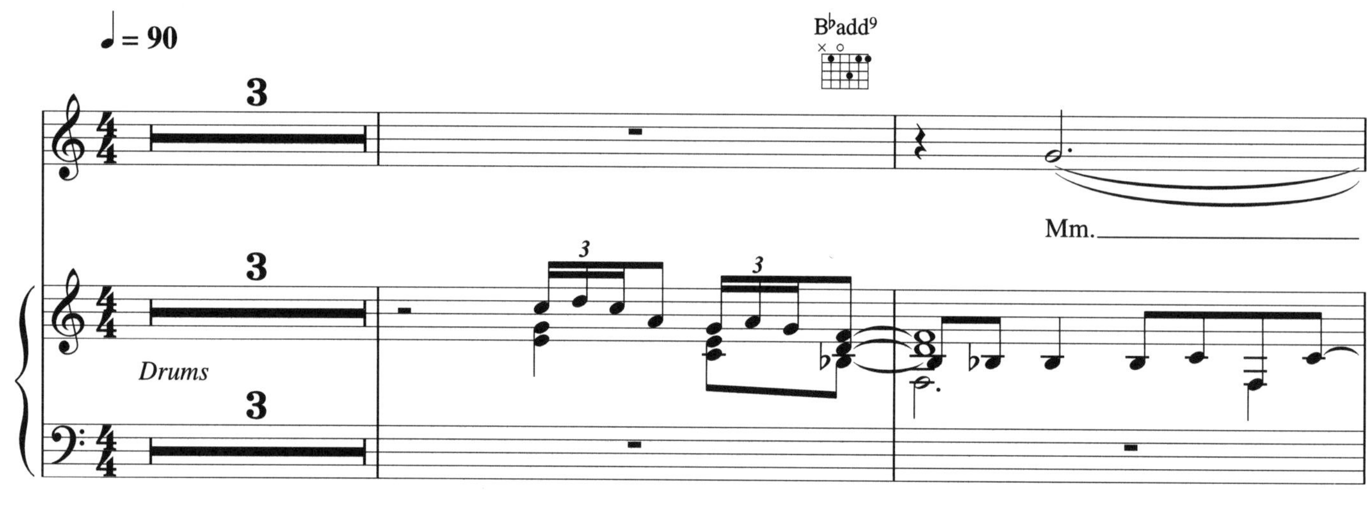

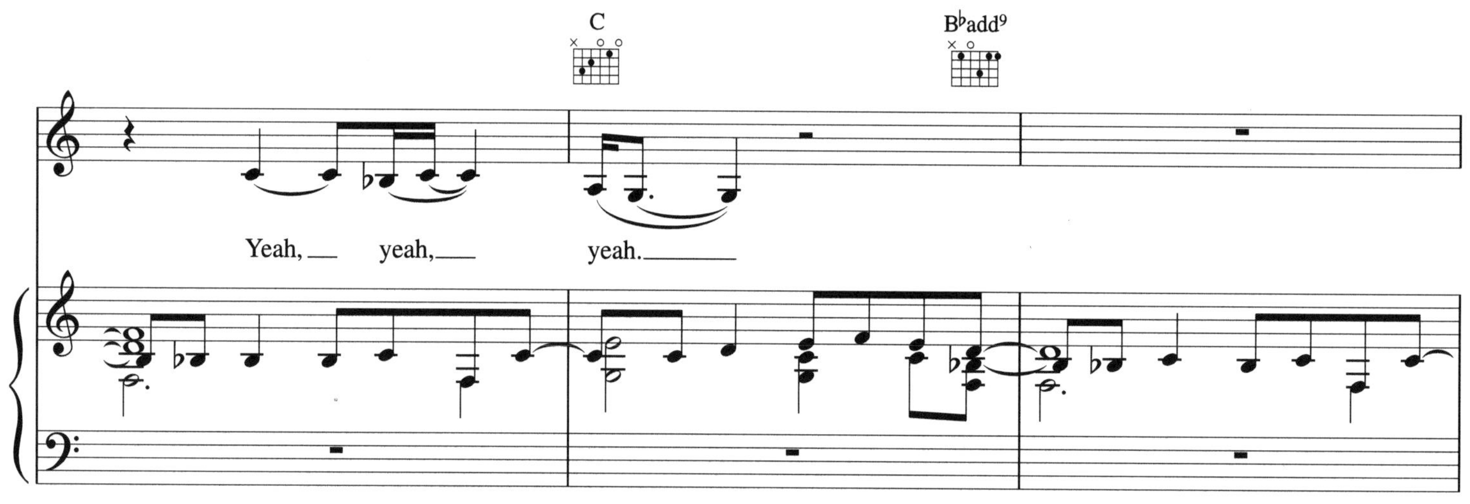

C
B♭add9
C
B♭add9
Late in Sep - tem - ber,_______________ the mem - 'ries I can't_
C
B♭add9
_ e - rase_____ that shiv - ered through Au - tumn,_______
C
B♭add9
C
B♭add9
the me - mo - ry of_____ your_____ face.____ As I grow much old-
C
B♭add9
- er,_______ I_____ won - der_ what - ev - er I could___ have___ done_
(Verse 2 see block lyric)
L.H. 2° only

C
B♭add9
C
B♭add9
to fight all the mad - ness.______________ But I close my
Gadd9
B♭add9
eyes___________ to find truth in what I'm say - ing.___ They___ thought it___ was all a
L.H. both times
Cadd9
Gadd9
B♭add9
lie.____________ How could they de - ny___ it when I______ was just___ a
Cadd9
B♭add9
lit - tle child?________ Se - crets I kept in - side me,
3
3

C
B♭add9
no one can un- der- stand; se- crets I had to hide, 'cause no one would hold my hand. Well,
C
B♭add9
se- crets for me to know and_ nev- er for_ you to see;_ se- crets for on- ly
C
B♭add9
C
B♭add9
me.______
1.
C
B♭add9
2.
C
2. E- mo- tions so

E♭ 6fr
F
E♭ 6fr
Dm
The lit - tle ones they could not__ es - cape__ the pain and mi - se - ry.__
C
E♭ 6fr
F
Would no one ev - er set them free? Why do you pre - tend to see
G
B♭add9
all the pain they had to go through?__ Can't you hear them cry to you.__
Se - crets I kept in - side me,
C
B♭add9
C
B♭add9
no one can un - der - stand,__ se - crets I had to hide, 'cause no one would hold my hand.

Verse 2:
Emotions so bother my soul
To know that I felt such pain
I thought it would go far away
It did for the moment
But truth in what I'm saying
They thought it was all a lie
How could they deny it
When I was just a child?
Babe, come on now.

Secrets *etc.*

DON'TCHA WANNA

WORDS & MUSIC BY ANASTACIA, SAM WATTERS, LOUIS BIANCANIELLO, STEVIE WONDER & YVONNE WRIGHT

$\quad \bullet = 130$ (in 2)

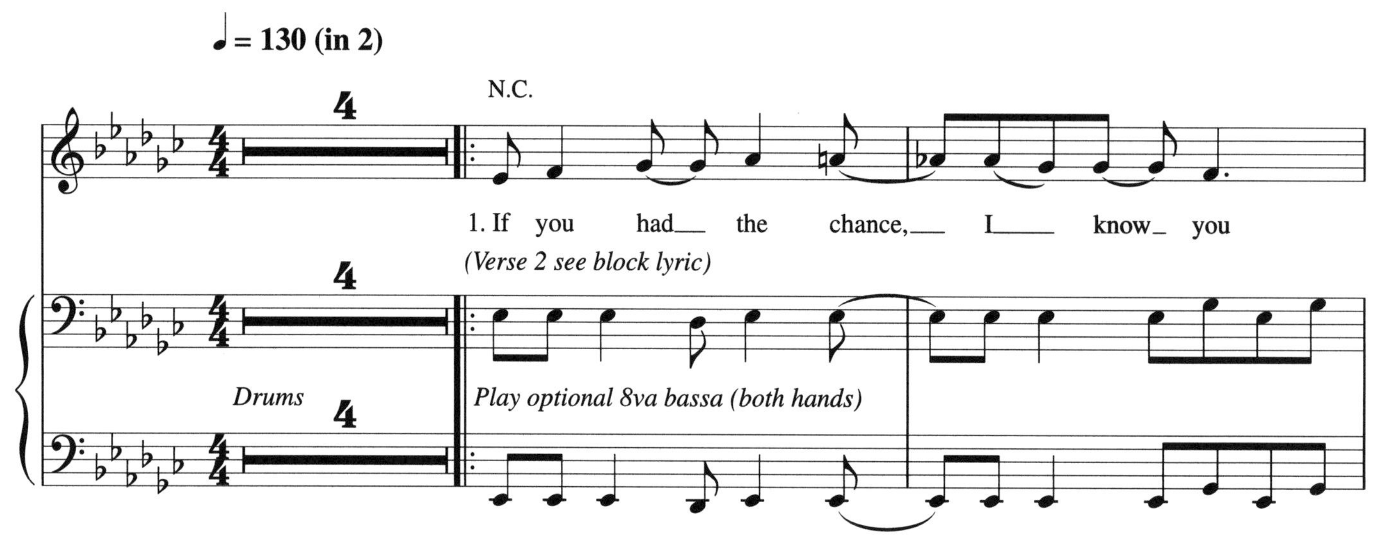

Said you nev - er saw__ it__ com - ing, did you_ dear?________
But you can't run__ from__ ev - 'ry - thing_ you_ fear.__
Hey,__ don't cha wan - na fall in love?__ Don't cha wan - na, don't cha
wan - na, don't cha wan - na fall in love with me? (Ba - by, you and I.)__
E♭m7
6fr
A♭7
4fr

E♭m7 6fr
A♭7 4fr
Don't cha wan - na, don't you wan - na, don't cha wan - na fall in love?___ (Why don't cha
E♭m7 6fr
push your pre - cious pride_ a - side?)_ Don't cha wan - na, don't cha wan - na, don't cha wan - na fall in
A♭7 4fr
E♭m7 6fr
love with me? Don't cha wan - na? 'Cause you can't let___ your whole___
A♭m7 4fr
B♭7
1.
N.C.
___ life pass___ you___ by,____ oh.___

2.
N.C.
A♭m 4fr
B♭7
You can't put no - thin' be - fore your pride.
(loco)
E♭m 6fr
A♭m 4fr
(I said no - thin', no - thin'.) But, ba - by, what I give,
B♭7
C♭
B♭7
you can lay your pride a - side.
N.C.
Ba - by, don't you wan - na fall in love with me 'cause we could
Optional 8va bassa (both hands)
Play 2° only

Verse 2:
Sure that you ain't had nothing like this before
You can be the same if I give any more
I don't wanna waste none of your precious time
But you won't have no choice but to be mine
Baby, don't cha wanna play it on the line?

Don't cha wanna *etc.*

DON'T STOP (DOIN' IT)

WORDS & MUSIC BY ANASTACIA, SAM WATTERS & LOUIS BIANCANIELLO

Am7
D9
Dm7/G
Cadd9
Don't stop giv-ing me all your love,_ I've been wait-ing for you all my life._
C/B
C/Bb
Am7
D9
Dm7/G
Don't stop do-in' it,
Cadd9
C/B
C/Bb
Am7
D9
don't stop do-in' it ba-by.
Sure, they com-in' round,_
(Verse 2 see block lyric)
Dm7/G
Cadd9
C/B
C/Bb
they feed me all 'o their lines,_ yeah;_

Am7
D9
Dm7/G
Cadd9
but I___ can't be mess - in' up, no;___ got a love___ keep me sa - tis - fied.___
C/B C/Bb Am7
D9
Dm7/G
And ba - by what I___ see___
Cadd9
C/B C/Bb Am7
D9
when - ev - er I___ look___ at you,___ oh, is all___ I ev - er
Dm7/G
Cadd9
C/B C/Bb
want in this world.___ No - thin' else___ is gon - na do.___

Am7
D9 4fr
Dm7/G
Cadd9
Don't stop do - ing that thing_ you do,_ your sweet love is mak - ing me high._
C/B C/Bb Am7
D9 4fr
Dm7/G
_ Don't stop giv - ing me all your love,_ I've been
Cadd9
C/B C/Bb Am7
D9 4fr
wait - ing for you all my life.___ Don't stop
Dm7/G
Cadd9
1.
C/B C/Bb
do - in' it, don't stop do - in' it ba - by.

2.
C/B C/Bb Am7   D9   Dm7/G
ba - by.   Don't stop   do - in' it,
Cadd9   C/B C/Bb Fmaj7   Em7
don't stop do - in' it ba - by. I'm giv-ing you my   all
Dm7   Dm7/G   C   Fmaj7   Em7   Am
I ain't gon - na leave your side   I'll nev - er let you fall,
Bb   Dm7/G
I won't be too far a - way,   a - ny - time, at night   or day.

Am7
D9   4fr
Dm7
So ba - by just call. Don't stop do - in' that thing_ you do,___ your
Cadd9
C
Am7
D9   4fr
sweet love is mak - ing me high.___ Don't stop giv - ing me
Dm7
Cadd9
C
all your love,_ I've been wait - ing for you all my life.___
Am7
D9   4fr
Dm7/G
Cadd9
Don't stop do - in' that thing_ you do,___ your sweet love is mak - ing me high._

Verse 2:
Friends got you down
Oh, they say you must be a fool.
No, but there ain't nothing, no, no
That I wouldn't do for you.
'Cause I'm out here on this road
Every night and every day
And I'm asking just one thing:
Don't you ever take your love away.

OVERDUE GOODBYE (REPRISE)

WORDS & MUSIC BY ANASTACIA & BILLY MANN

Fadd9
C5   3fr
C5/F
Good - bye.
Yeah,   yeah,_ yeah,   good-
C
Fadd9
- bye.____________
Good -
C
Fadd9
-bye,
yeah,____________ good -
C
Fadd9
- bye.________
Huh,________________ good -

C
Fadd9
- bye.
Come on and sing with me, good -
C
Fadd9
- bye.
And one more time, amd one more time good-
C
Fadd9
- bye.
Ooh, good -
C
Fadd9
- bye.
Yeah, yeah, good -

C
Fadd9
- bye.
Mm,
mm,
good -
C
Fadd9
C
- bye.
Good -
bye.
Fadd9
C
Fadd9
Good -
bye.
C5
3fr
N.C.
Yeah,
good - bye.

I DREAMED YOU
WORDS & MUSIC BY ANASTACIA, DEREK BRAMBLE & LINDY ROBBINS
♩ = 116
1. You walked in the room, and time was stand-ing still.
(Verse 2 see block lyric)

E♭m7   C♭/A♭
Knew you were my des - ti - ny by the

D♭add9   D♭   E♭sus4   E♭m   C♭maj7
way you made me feel. On - ly you in my life

B♭m7   A♭m7   B♭m7   E♭sus4
for ev - er and a day. You're ev -

C♭maj7   B♭m7   A♭m7   G♭   Eadd9
- 'ry - thing I ev - er i - ma - gined my love could be;

you for me.________ Like the
E♭m7   E♭m7/G♭   A♭m7   D♭11   G♭add9
stars____ need_ the sky_________ and the riv - er needs_ its rain,____
C♭maj7   B♭m7   A♭m7
____ like an ea - gle needs_ its wings________ and a
B♭7   B♭7/D   E♭m   A♭m7
fire____ needs_ its flames,________ like the sun needs_ the day____

To Coda
and the night needs the moon, like the
To Coda
air that I breathe, that's how I
1.
dreamed of you.
I dreamed you.
69

A♭m7
Emaj9
2.
A♭m9
I dreamed of you and I, our
G♭/B♭
C♭maj7
love can't be de- nied, no, no. There's no-thing I can do, no-thing
D♭
I can say, my heart it al-ways knew. That's

D.%. al Coda
Coda
N.C.
how I dreamed of you. Like the
air that I breathe,
that's how I dreamed of you. Like the
D.%. al Coda
Coda
dreamed of you.

Verse 2:
It's hard to explain
But when you know you know
I was so amazed by you
You had me and: hello
I need you in my heart
My body, mind and soul
It only took a moment to take my breath away
Will you stay?

Like the stars *etc.*

6/04 (51462)